Tischlein,

Ein Märchen de
nacherzählt von Lucie Yertek
mit Bildern von Charlotte Hofmann

www.bennyblu.de

Es war einmal ein Schneider, der hatte drei Söhne. Außerdem besaß er eine Ziege. Die war ihm sehr lieb und teuer. Damit sie immer genug Milch gab, bat der Schneider seine Söhne, gut für das Tier zu sorgen.

Der älteste Sohn brachte die Ziege auf eine saftig grüne Wiese. Den ganzen Tag fraß sie und sprang herum. Am Abend sagte die Ziege: „Ich bin so satt, ich mag kein Blatt. Mäh! Mäh!" Der Junge freute sich darüber und ging glücklich mit ihr nach Hause.

Doch als der Schneider das Tier fragte: „Liebe Ziege, bist du heute satt geworden?", meckerte sie: „Wovon soll ich satt sein? Ich sprang nur über Gräbelein und fand kein einzig' Blättelein. Mäh! Mäh!"

Der Schneider wurde zornig und warf seinen Sohn aus dem Haus. An den folgenden Tagen schickte er seine anderen Söhne mit der Ziege auf die Weide, um sie zu füttern. Aber immer log die Ziege: „Wovon soll ich satt sein? Ich sprang nur über Gräbelein und fand kein einzig' Blättelein. Mäh! Mäh!" Da verstieß der Schneider auch seine anderen beiden Kinder.

Schließlich ging der Schneider selbst mit der Ziege auf die Weide. Am Abend streichelte er sie zärtlich und sprach: „So, nun bist du einmal richtig satt geworden." Doch das Tier antwortete ganz frech: „Wovon soll ich satt sein? Ich sprang nur über Gräbelein und fand kein einzig' Blättelein. Mäh! Mäh!"

Nun merkte der Schneider, dass er seine Kinder zu Unrecht davongejagt hatte, und wurde sehr wütend auf die Ziege. Zur Strafe schor er ihr das Fell ab, bis sie aussah wie ein gerupftes Suppenhuhn.

Die Söhne hatten währenddessen eine Lehre begonnen. Der älteste arbeitete bei einem Schreiner. Weil er sehr fleißig war, schenkte der Meister ihm ein besonderes Tischlein. Wenn er Hunger hatte, musste der Geselle nur sagen: „Tischlein, deck dich!" Dann füllte es sich prompt mit allerlei Leckereien und wurde nicht leer, ehe er satt war.

Eines Tages beschloss der älteste Sohn, nach Hause zurückzukehren. Auf dem Weg dorthin übernachtete er in einem Wirtshaus und lud alle Gäste ein, an seinem Tischlein zu essen. Der Wirt war jedoch neidisch und tauschte nachts das Tischlein durch ein altes aus.

Der Schreinergeselle merkte davon nichts und reiste am nächsten Morgen frohen Mutes ab. Zu Hause meinte er fröhlich zu seinem Vater: „Lad alle unsere Verwandten ein. Wir werden essen, so viel wir wollen." Als die Familie beisammen war, sprach der Junge: „Tischlein, deck dich!" Doch nichts passierte.

Da war der älteste Sohn sehr betrübt, weil er vor allen als Lügner dastand. Und seine Verwandten mussten genauso hungrig wieder nach Hause gehen, wie sie gekommen waren.

Der zweite Sohn wurde Müller und erhielt als Lohn einen Esel. „Wenn du ihn auf ein Tuch stellst und ‚Bricklebrit' sagst", erklärte ihm sein Meister, „spuckt das brave Tier Goldstücke aus, so viele du brauchst." Der Junge freute sich sehr und ließ es sich mit seinem Goldesel gut gehen.

Und wie es der Zufall wollte, kam auch der zweite Sohn auf dem Nachhauseweg bei dem Gasthaus vorbei, in dem zuvor schon sein Bruder eingekehrt war.

Der Müllerbursche bestellte die teuersten Speisen und schlemmte genüsslich. Doch als er zahlen wollte, hatte er nicht mehr genug Gold bei sich. Da ging er in den Stall, um welches zu holen, und nahm dabei das Tischtuch mit. Das machte den Wirt stutzig und er schlich dem Gesellen hinterher. Durch ein Loch in der Stallwand sah er, wie der Müllerbursche das Tuch unter den Esel legte. Dann sagte der Junge „Bricklebrit" und schon häuften sich unter dem Tier Goldmünzen in rauen Mengen.

Gierig rieb sich der Wirt die Hände und fasste einen gemeinen Plan. In der Nacht schlich er in den Stall und tauschte den Goldesel gegen seinen alten Esel aus.

Ahnungslos zog der mittlere Sohn am nächsten Morgen weiter. Zu Hause berichtete er von seinem Goldesel und lud die ganze Familie ein. Aber natürlich konnte das Tier kein Gold speien. Die Verwandten lachten den Jungen aus und hielten auch seinen Goldesel für ein Märchen.

Der jüngste Sohn machte eine Lehre als Drechsler und bekam zum Abschied einen Knüppel im Sack. Wenn ihm jemand etwas Böses wollte, sagte er nur: „Knüppel aus dem Sack!" Dann sprang der Stock heraus und haute den anderen so lange, bis der Geselle befahl: „Knüppel in den Sack!" Eines Tages erhielt er einen Brief.

Seine Brüder berichteten, wie der Wirt sie betrogen hatte. Daraufhin ging der jüngste zum Gasthaus und erzählte: „Ich habe ja schon unglaubliche Sachen gesehen. Ein Tischleindeckdich, einen Goldesel, aber nichts ist so toll wie der Schatz in meinem Sack." Da wurde der Wirt neugierig. Als der Drechsler zu Bett ging, …

… schlich der Wirt zu ihm und versuchte, den Sack zu stehlen. Der Junge hatte sich aber nur schlafend gestellt und rief: „Knüppel aus dem Sack!" Prompt kam die Keule heraus und haute den Wirt grün und blau. „Gib mir das Tischleindeckdich und den Goldesel zurück", sprach der jüngste Bruder und der Wirt willigte ein.

Als der dritte Sohn nach Hause kam, freute sich sein Vater sehr. „Ich bin Drechsler geworden", berichtete der Junge. „Und mein Meister hat mir als Lohn einen Knüppel geschenkt. Mit seiner Hilfe habe ich das Tischleindeckdich und den Goldesel wiederbekommen."

Erneut luden der Schneider und seine Kinder alle Verwandten ein, um sie mit Essen und Gold zu überhäufen. Der Vater wollte schon nicht mehr daran glauben, aber er vertraute seinen Söhnen und rief die Familie herbei.

Und tatsächlich: Es waren das richtige Tischlein und der richtige Esel. Die Gäste schlugen sich die Bäuche voll und stopften so viel Gold in ihre Taschen, wie sie tragen konnten. Am Abend sperrte der Schneider sein Nähzeug weg, weil er von nun an nie mehr arbeiten musste.

Weitere Titel

Bei **Benny Blu Bambini** findet ihr auch diese Märchen ...

... und noch viele, viele mehr!